BEI GRIN MACHT SICH IHR
WISSEN BEZAHLT

- Wir veröffentlichen Ihre Hausarbeit,
  Bachelor- und Masterarbeit

- Ihr eigenes eBook und Buch -
  weltweit in allen wichtigen Shops

- Verdienen Sie an jedem Verkauf

Jetzt bei www.GRIN.com hochladen
und kostenlos publizieren

Bibliografische Information der Deutschen Nationalbibliothek:

Die Deutsche Bibliothek verzeichnet diese Publikation in der Deutschen National-
bibliografie; detaillierte bibliografische Daten sind im Internet über http://dnb.d-
nb.de/ abrufbar.

Impressum:

Copyright © 2009 GRIN Verlag
Druck und Bindung: Books on Demand GmbH, Norderstedt Germany
ISBN: 9783656356318

Dieses Buch bei GRIN:

https://www.grin.com/document/208251

Anonym

Walter Benjamins 'Die Aufgabe des Übersetzers' unter Einbeziehung seiner Übersetzung von Charles Baudelaires 'A une passante'

GRIN Verlag

GRIN - Your knowledge has value

Der GRIN Verlag publiziert seit 1998 wissenschaftliche Arbeiten von Studenten, Hochschullehrern und anderen Akademikern als eBook und gedrucktes Buch. Die Verlagswebsite www.grin.com ist die ideale Plattform zur Veröffentlichung von Hausarbeiten, Abschlussarbeiten, wissenschaftlichen Aufsätzen, Dissertationen und Fachbüchern.

Besuchen Sie uns im Internet:

http://www.grin.com/

http://www.facebook.com/grincom

http://www.twitter.com/grin_com

Universität Erfurt

Philosophische Fakultät

Lehrstuhl für Allgemeine und Vergleichende Literaturwissenschaft

Seminar: Übersetzbarkeit

Sommersemester 2010

Walter Benjamins „Die Aufgabe des Übersetzers"
unter Einbeziehung seiner Übersetzung von
Charles Baudelaires „A une passante"

Erfurt, den 20. Juli 2010

Inhaltsverzeichnis

1. Einleitung

Walter Bendix Schönflies Benjamins „Die Aufgabe des Übersetzers" war eigentlich nur eine Art Vorwort zu seinen Übersetzungen von Charles Baudelaires „Tableaux Parisiens". Für die Geschichte der Übersetzung wurde es zu einem wichtigen Übersetzungskonzept. In seinem Essay behandelt er nicht nur die Aufgabe eines Übersetzers, sondern Dinge die darüber hinaus gehen. In dieser Arbeit soll herausgefunden werden, was Benjamin sich unter der Aufgabe eines Übersetzers vorstellt und welche Kriterien er einer guten Übersetzung abverlangt. Weiterhin sollen seine Vorstellung von den Merkmalen und Veränderungen der beiden Basisformen „Original" und „Übersetzung" dargestellt werden. Ebenso soll überprüft werden, ob er seine Aufgabe in seinen eigenen Übersetzungen wirklich bewerkstelligt oder sie nur anderen Übersetzern mit auf dem Weg gegeben hat. Um den Faden durch die Gedankengänge Benjamins nicht zu verlieren, sollen die Zusammenhänge des Textes Stück für Stück erklärt werden. Die Gliederung orientiert sich deshalb an drei Themenkomplexen des Textes.

Im zweiten Gliederungspunkt geht es um den ersten Abschnitt des Textes, in dem Übersetzung als eine Form festgelegt wird. Außerdem wird ihr Zusammenhang zu Original und Übersetzer vorgestellt. Der dritte Punkt behandelt dann den zweiten Abschnitt, der das Verhältnis von verschiedenen Sprachen, das in der Übersetzung zum Ausdruck kommt, zeigt. Die Sprache wird hier als „Form" der beiden Grundformen ausgearbeitet, die in verschiedenen Sprachkreisen aufgespalten wurde, im Ursprung aber eine Reinheit ihres Sinnes besitzt. Der vierte Punkt stellt den dritten Teil des Textes mit der Aufgabe des Übersetzers dar, die den Übersetzer als eine Art Erlöser des Originals erscheinen lässt. Schließlich soll im vorletzten Punkt die Übersetzung „Einer Dame" von Walter Benjamin mit dem Original „A une passante" von Charles Baudelaire verglichen werden. Dieser Vergleich soll dazu dienen, ob herausgefunden werden kann, in wieweit Benjamin seine gestellte Aufgabe ausführt.

2. Übersetzung als Form: was macht eine Übersetzung aus?

Walter Benjamin beginnt sein Essay „Die Aufgabe des Übersetzers" mit einer Erklärung, die es dem Leser ermöglicht den folgenden Text und die nachgestellten Gedichtübersetzungen unter einem bestimmten Blickwinkel zu betrachten. Er geht davon aus, dass kein Kunstwerk für einen bestimmten Empfänger angefertigt wurde und nur den Umgang und die entsprechende Nutzung des Werkes von ihm abverlangt. Benjamin verweist damit auf die Selbstreferenzialität eines Textes, was der Theorie vom „Tod des Autors" von Roland Barthes ähnelt. Da er den Abschnitt an den Anfang stellt, könnte man denken, es sei eine Art Verteidigung dessen, was er später noch schreiben wird.

3

Danach leitet Benjamin den Bezug zur Übersetzung eines Werkes ein für die die gleichen Regeln bestehen. Eine Übersetzung kann ebenso wenig den Lesern gelten, wie ein Original. Beide sind Formen von Texten und sollen beziehungsweise können nichts vermitteln oder aussagen. Eine Übersetzung, die sich doch an einer Mitteilung versucht, ist also nach Benjamin eine schlechte Übersetzung, weil sie Unwesentliches vermittelt. Auch die „ungenaue Übermittlung eines unwesentlichen Inhalts"[1] soll eine schlechte Übersetzung ausmachen. „Ungenau" heißt für Benjamin nicht- dichterisch, nicht- geheimnisvoll (genug). Geht ein Übersetzer also „genau" vor, heißt das keinesfalls, dass er sich Wort für Wort vornimmt - im Gegenteil, er sollte möglichst den dichterischen Aspekt des Werkes durch seine eigenen Worte einfangen können. Auf „Genauigkeit" geht Benjamin in einem späteren Abschnitt des Textes noch näher ein.

Benjamin stellt nun die These auf „Übersetzung ist eine Form"[2]. Diese Form basiert auf dem Original und hängt von der Übersetzbarkeit eines Originals ab, wenn es einen passenden Übersetzer gibt und das Original auch in eine Übersetzung passt. Eine schlechte Übersetzung muss also nicht unbedingt die Schuld des Übersetzers sein, sondern hängt vor allem vom Original und dessen Bedeutung ab. Benjamin begründet eine Unübersetzbarkeit mit einer religiösen, übermenschlichen Anschauung: „entsprechend bliebe die Übersetzbarkeit sprachlicher Gebilde auch dann zu erwägen, wenn diese für die Menschen unübersetzbar wären."[3] Er schlussfolgert, dass die Übersetzung als Form eine Übersetzbarkeit von bestimmten Werken erfordert. Wenn also ein Original schon zu viel mitteilt und seine Sprache deshalb zu wenig Dichterisches beinhaltet, soll es weniger übersetzbar sein.

Original und Übersetzung stehen also im Zusammenhang, da die Übersetzung sich aus dem „Überleben" und „Fortleben" des Originals entfaltet. Benjamin zufolge kann dieses neue Leben erst in einem späteren Jahrhundert als der Ursprungstext geboren werden. Allerdings hängt das vielleicht eher von der zufälligen (Wieder)Entdeckung oder Nachfrage von Werken in einem anderen Sprachkreis ab. Carol Jacobs interpretiert in Benjamins Lebensmetapher sogar eine „Reifung" und „Keimung" des Originals hinein, die nie vollendet werden kann: „Die Entfaltung, die das Leben des Originals in der Übersetzung erfährt, lässt ihre Saat nie ganz aufgehen."[4] Das kann auch gar nicht passieren, da eine vollendete Übersetzung ja ohnehin eine übermenschliche Kraft erfordert. Eine Entfaltung beziehungsweise Vollendung muss außerdem nicht stattfinden, weil „[...] die Übersetzung zuletzt zweckmäßig für den

---

[1] Walter Benjamin, Die Aufgabe des Übersetzers, in: ders. Gesammelte Schriften Bd. IV/1, Suhrkamp Verlag, Frankfurt/Main, 1972, S. 9
[2] ebd.
[3] ebd., S. 10
[4] Carol Jacobs, Die Monstrosität der Übersetzung, in: Übersetzung und Dekonstruktion, hg. von Alfred Hirsch, Suhrkamp Verlag, Frankfurt/Main, 1997, S. 167

4

Ausdruck des innersten Verhältnisses der Sprachen zueinander"[5] ist. Die Bedeutungen dieses Ausdrucks sowie dieses Verhältnisses sollen im folgenden Punkt behandelt werden.

3. Übersetzung als Ausdruck der Verhältnisse von Sprachen zueinander

Das Verhältnis von einer Sprache zur anderen begründet sich nach Benjamin erst einmal dadurch, dass sie „[...] einander nicht fremd, sondern [...] von allen historischen Beziehungen abgesehen einander in dem verwandt sind, was sie sagen wollen."[6] Die Verwandtschaft kann erst in einer Übersetzung richtig zum Ausdruck kommen, wenn der Übersetzer durch „Genauigkeit" Form und Sinn des Originals übermittelt. Diese Verwandtschaft zweier verschiedener Sprachen wäre sogar ähnlicher als es zwei Dichtungen gleicher Sprache sein können. [7] An dieser Stelle kann man sich schnell in den Gedankengängen Benjamins verirren, denn in den nächsten Zeilen meint er, dass „keine Übersetzung möglich wäre, wenn sie Ähnlichkeit mit dem Original ihrem letzten Wesen nach anstreben würde."[8] Wenn nun die Sprachen von Original und Übersetzung sich sogar in dem ähneln sollen, was sie vermitteln, wieso sollte die (spätere) Übersetzung es selbst aber nicht auf eine Ähnlichkeit mit dem Original absehen? Die indirekte Antwort eröffnet einen Widerspruch: Sprache und Bedeutung des Originals können sich über die Jahrhunderte ändern, so wie sich auch die Sprache des Übersetzers geändert hat. Würde das nicht bedeuten, die Übersetzung sollte ihre Sprache und Bedeutung an die des früheren Originals anpassen? Das ist gar nicht nötig, da die Verwandtschaft der Sprachen sich schon in der „reinen Sprache" ausdrückt. Diese Sprache bringt eine gemeinsame Bedeutung hervor, die alle Sprachen hinter ihren Wörtern und Sätzen meinen. Die „Bedeutung" definiert Benjamin als „das Gemeinte". Den Ausdruck dieses Gemeinten durch die Sprache mit ihren einzelnen Elementen (seien es Wörter, Sätze, die Anwendung der Syntax usw.) nennt er die „Art des Meinens". Carol Jacobs sieht darin mehr eine Unterschiedenheit, die die Verwandtschaft von Sprachen hervorbringt.[9] In Benjamins Definition von Verwandtschaft erkennt sie auch eher was diese nicht ist, wenn keine Ähnlichkeit der Sprachen gegeben sein soll.[10] Benjamin stimmt darin sogar überein, wenn er in seinen Ausführungen auf eine „Fremdheit der Sprachen"[11] verweist, die nicht gelöst werden kann. Das Verhältnis von Bedeutung („Gehalt") und den Sprachelementen ist in Original und Übersetzung unterschiedlich: im Original ergibt sich aus beiden eine Einheit, in

---

[5] Walter Benjamin, Die Aufgabe des Übersetzers, S. 12
[6] ebd.
[7] vgl. ebd.
[8] ebd.
[9] vgl. Carol Jacobs, Die Monstrosität der Übersetzung, S. 170
[10] vgl. ebd., S. 169
[11] Walter Benjamin, Die Aufgabe des Übersetzers, S. 14

der Übersetzung verhüllt die Sprache jedoch ihre Bedeutung, weil sie in einen höheren Bereich gestiegen ist.[12] In diesen Bereich zu gelangen soll die Aufgabe des Übersetzers sein, die im nächsten Teil analysiert werden soll.

4. Die Aufgabe des Übersetzers

Die Aufgabe des Übersetzers „[...] besteht darin, diejenige Intention auf die Sprache, in die übersetzt wird, zu finden, von der aus in ihr das Echo des Originals erweckt wird."[13] Das heißt bei Benjamin, der Übersetzer muss zunächst das Original mit den richtigen Mitteln in den „Bergwald der Sprache" hineinzurufen, um ein geeignetes Echo zu empfangen. Seine Übersetzung befindet sich außerhalb dieses Waldes und nimmt das Echo des Originals in seine Sprache auf. Die Absicht im Original war hauptsächlich naiv und anschaulich, während die in der Übersetzung abgeleitet und ideenhaft ist.[14]

Carol Jacobs würde nur Bruchstücke von Sprachelementen aus dem Echo entnehmen, die erst vom Übersetzer zusammengesetzt werden müssten.[15] Dieser Hinweis wird hier wichtig, denn Benjamin lässt offen, ob der Übersetzer erst einmal einzelne Worte rufen muss, die sich im Echo selbstständig zu Sätzen entwickeln könnten oder nicht. Benjamin fügt die „Art des Meinens" einfach als ganzes, aber einzelnes „Bruchstück einer größeren Sprache"[16] an. Er nutzt dafür die Metapher eines zerbrochenen Gefäßes, das wieder zusammengesetzt wird.

Der Übersetzer soll außerdem die „Sprache der Wahrheit" oder „die wahre Sprache" finden, also die „reine Sprache", in der eine Art absolute Bedeutung verborgen ist. Wenn er sie findet, kann er dadurch dem Original Platz lassen, ohne die Übersetzung in den Vordergrund zu drängen. Benjamin verweist in diesem Sinn auf die grundlegende Diskussion von Übersetzbarkeit, die entweder auf eine wörtliche oder eine sinngemäße Übersetzung abzielt. Eine gute Übersetzung entsteht aber nur dann, wenn beide Elemente miteinander vereint werden, was zunächst unmöglich ist. Benjamin benutzt als Beispiel die „Wörtlichkeit hinsichtlich der Syntax"[17], die jegliche Bedeutung zu verfremden scheint.

Selbst wenn diese reine Sprache gefunden wurde, kann im Original trotzdem etwas „Nicht- Mittelbares" zurückbleiben. Benjamin unterscheidet ein „Mittelbares"/ „Symbolisierendes" vom „Nicht- Mittelbaren"/ „Symbolisierten". Ersteres ergibt sich aus festgesetzten, begrenzten sprachlichen Gefügen. Das Zweite ergibt sich aus der Entwicklung

---

[12] siehe Walter Benjamin, Die Aufgabe des Übersetzers, S. 15
[13] ebd., S. 16
[14] vgl. ebd.
[15] Carol Jacobs, Die Monstrosität der Übersetzung, S. 173
[16] Walter Benjamin, Die Aufgabe des Übersetzers, S. 18
[17] ebd., S. 17

von Sprachen in der Zeit (was die reine Sprache ausmacht) und kann versteckt bleiben. Beide Elemente müssen in der Übersetzung wiederum vereint werden. „Jene reine Sprache, die in fremde gebannt ist, in der eigenen zu erlösen, [...] ist die Aufgabe des Übersetzers."[18]

5. „A une passante" im Vergleich mit „Einer Dame"

Nachdem erläutert wurde, welche großen Aufgaben ein Übersetzer auf sich nimmt und welche Kriterien eine gute Übersetzung erfüllen muss, soll versucht werden, ob eine Überprüfung dieser Anleitung in Benjamins eigener Übersetzung möglich ist. Dazu soll das Sonett „A une passante" von Charles Baudelaire mit der Übersetzung „Einer Dame" verglichen werden. Praktisch angewandt können beide Gedichte vor allem nur hinsichtlich einzelner Wörter und der Syntax untersucht werden. Die Analyse der anderen Merkmale wie z.B. die reine Sprache zu finden, scheint so unmöglich, wie Benjamin es beschrieben hat. Sie kann nur spekulativ vorgenommen werden.

Gleich im ersten Vers fällt bei Benjamin auf, dass er das lyrische Ich völlig außer acht lässt und auch nicht in der gesamten ersten Strophe aufgreift. Dadurch wird in dieser Strophe ein wesentliches Motiv in Baudelaires Gedichten stigmatisiert: die „Problematik der Menge"[19], das aneinander Vorbeigehen in einer Großstadt. Benjamin behält zwar ein Substantiv am Anfang bei, tauscht aber *la rue* durch das substantivierte *Geheul* (von *assourdissante)* aus. Benjamin fügt im zweiten Vers die „Trauerinsignien ohne Komma, fugenlos der Figur bei: *Hoch schlank tiefschwarz.*"[20] Aus *douleur* (Schmerz) wird ungemeines Leid, aber das *majestueuse* lässt Benjamin fallen, um in der letzten Zeile der Strophe das *majestätisch* klingen zu lassen. Die Zeilen drei und vier lassen sehr gegensätzliche Interpretationen offen: Beryl Schlossmann sieht in der *Hand am Kleide* die Gefahr einer Verwandlung der Passantin in eine Prostituierte.[21] Das Heben des Saums unterstützt ihre Absichten noch, genauso das verschobene *majestätisch*. Rainer Nägele sieht hingegen zunächst einmal die Handhabung und die Kontrolle der Trauerkleidung und des Schrittes.[22] Bei Baudelaire klingen die Zeilen harmloser, da die Hand durch das *balançant* abgefangen wird. An dieser Stelle kann man einen Reifungsprozess des Originals erkennen. Während in „A une passante" nicht die Merkmale einer Prostitution gesehen beziehungsweise gut verborgen werden, besteht diese Möglichkeit in „Einer Dame". Auch der Zeitabstand von

---

[18] Walter Benjamin, Die Aufgabe des Übersetzers, S. 19
[19] Beryl Schlossmann, Pariser Treiben, in: Übersetzen: Walter Benjamin, hg. von Christiaan L. Hart Nibbrig, Suhrkamp Verlag, Frankfurt/Main, 2001, S. 294
[20] Rainer Nägele, Echos: Übersetzen, Lesen zwischen Texten, Engeler Verlag, Basel, 2002, S. 169
[21] siehe Beryl Schlossmann, Pariser Treiben, S. 298
[22] vgl. Rainer Nägele, Echos: Übersetzen, S. 170

Original und Übersetzung ist ein Indiz für die veränderte Bedeutung, da zu Benjamins Zeiten Verstädterung und Massenhaftigkeit vielleicht etwas vorangeschrittener waren. Die zweite Strophe wird von Baudelaire mit einem Gegensatz begonnen, der keinen Übergang hat. Die Passantin beschreibt er als beweglich, aber mit einem standbildhaften Bein. Benjamin überbrückt beide Zustände, den beweglichen und den erstarrten in seiner Übersetzung: die Dame ist *belebt, ihr Knie gegossen*. Aus einem beweglichen Guss kann später ein Standbild werden. Baudelaire betont in der nächsten Zeile das Dasein des Ichs durch ein vorangestelltes *Moi*. Er lässt es aus dem Anblick der Augen trinken, wodurch es verrückt zu spielen scheint. Benjamin führt das lyrische Ich zum ersten Mal ein und entkräftet es gleich. Auch hier spiegelt sich ein Gegensatz wieder: während Baudelaire ein Ich beschreibt, dass seine Kräfte zunächst mobilisiert, geht dasjenige von Benjamin sofort ein. In den Augen der Passantin findet Baudelaire den blassen Himmel als Keim der Orkane. Benjamin lässt in der Übersetzung aber keinen Keim aufblühen, sondern verwundet das Ich noch weiter durch befriedene Selbstmordgedanken. Baudelaire quält das Ich im Folgenden, in dem er es dem Anblick der Passantin aussetzt, ihrer faszinierenden Süße – eine Freude für das Ich, die es töten könnte.

Der Anfang der dritten Strophe mit dem Höhepunkt eines Blitzes ist in Syntax und Wörtern eindeutig übertragbar und wird von Benjamin deshalb wörtlich übersetzt. „Das Wort *beauté*, ein Schlüsselwort des Gedichts [...] steht in der Reimposition [...], aber Benjamin eliminiert es. [...] Benjamin behält von der Schönheit nur die Spur, die vom Schleier der Menge mitgetragen wird (ein „Schimmer") [...]."[23] Er substantiviert *fugitive*, was ohnehin im Französischen Adjektiv und Substantiv sein kann. Während bei Baudelaire das Ich von diesem Anblick neu geboren wird, redet Benjamin an dieser Stelle nicht nur von der Passantin in der dritten Person, sondern auch von *dem Werdenden*, der das Ich darstellen muss. Der Erzähler kommt also hier zum selbst zum Vorschein, es sei denn, Benjamin wollte seine Figur von sich selbst in der dritten Person reden lassen. Im letzten Vers erscheint das Ich wieder und es wird ein „Du" eingeführt, an das die Frage nach dem Wiedersehen (in der Ewigkeit) gerichtet wird. „Das Du erscheint im französischen Text zunächst im tödlichen Homonym als *plaisir qui tue*."[24]

Die letzte Strophe beginnt Baudelaire mit drei Ausrufen, die die Hoffnung auf ein Wiedersehen entschlossen zunichte machen. Benjamin übernimmt nur zwei dieser Ausrufe und stellt am Ende des Verses wieder eine Frage, die einen Hoffnungsschimmer übrig lässt. Das lyrische Ich weiß nicht wohin die Flüchtige geht und geht davon aus, dass auch sie nicht

---

[23] Beryl Schlossmann, Pariser Treiben, S. 303
[24] Rainer Nägele, Echos: Übersetzen, S. 173

weiß, wohin das Ich unterwegs ist. Es setzt voraus, dass die Passantin ihm bestimmt war und sie sein Begehren bemerkte. In der letzten Zeile kann Benjamin die beiden „O" einfach übernehmen. Besonders die erste und letzte Zeile dieser Strophe sind gut geeignet für eine genaue Übernahme der Syntax, die fast wörtlich in Original und Übersetzung übereinstimmt.

6. Fazit

Die Untersuchung des Essays hat ergeben, dass Benjamin eigentlich keine Anleitung für eine Aufgabe des Übersetzers gibt und das auch nicht wollte. Er hinterlässt jedem Übersetzer, der sich eine Klärung von Widersprüchlichkeiten bei seiner Arbeit erhofft hat, nur weitere Fragen, die vorher nicht einmal bedacht wurden. „In ‚Die Aufgabe des Übersetzers' geraten Definitionen eher aus der Bahn, als das sie festgesetzt würden, denn – und der Aufsatz ist selbst eine Art unheimlicher Übersetzung – weder gilt die Sorge dem Verständnis durch die Leser, noch geht es dem Wesen nach um Mitteilung."[25] Vermutlich strebte Benjamin bei der Übersetzung der „Tableaux parisiens" nach Perfektion, die er nicht erreichen konnte. Das vorangestellte Essay zeigt vor allem die Mühe, die er sich mit den Übersetzungen gegeben hat. Indirekt richtet es sich also doch an den Leser, der seine Arbeit würdigen sollte. Außerdem bleiben die Übersetzungen immer eine individuelle Lösungsmöglichkeit Benjamins, die keine absolute Wahrheit enthalten können. Wahrscheinlich wurde Benjamin auch erst während seiner Arbeit bewusst, welche unlösbare Aufgabe er bezwingen wollte. Er stellt die Aufgabe des Übersetzers, die er gleichzeitig zu bewältigen versucht. Das macht es schwer bzw. undenkbar seine eigenen Übersetzungen in eine Form zu pressen, die er selbst versucht hat als unmöglich zu beschreiben. Die Übersetzung als Form zu betrachten, ermöglichte es ihm die Sprache unabhängig vom Sinn zu sehen. Er vereint beide Elemente, indem er sie erst im Gemeinten und in der Art des Meinens trennt und dann in der „reinen Sprache" wieder zusammenfügt. Obwohl bei der Benennung das eine Element zu dominieren scheint, weil es sich ja um eine „Sprache" handelt, findet sich in der „Reinheit" der Sinn wieder. Da niemand diese Sprache spricht, muss der Übersetzer versuchen das Original daraus zu erlösen. Diese Aufgabe bleibt aber übermenschlich.

---

[25] Carol Jacobs, Die Monstrosität der Übersetzung, S. 166

9

Literaturverzeichnis

Primärliteratur

Benjamin, Walter: Die Aufgabe des Übersetzers. In: ders. Gesammelte Schriften Bd. IV/1, Suhrkamp Verlag Frankfurt/Main 1972, S. 9 – 21.

Benjamin, Walter: Charles Baudelaire, Tableaux parisiens. In: ders. Gesammelte Schriften Bd. IV/1, Suhrkamp Verlag Frankfurt/Main 1972, S. 40/41.

Sekundärliteratur

Apel, Friedemar und Annette Kopetzki: Literarische Übersetzung, Stuttgart Metzler Verlag 2003, S. 98 – 103.

Jacobs, Carol: Die Monstrosität der Übersetzung. In: Übersetzung und Dekonstruktion, hg. von Alfred Hirsch, Suhrkamp Verlag Frankfurt/Main 1997, S. 166 – 177.

Nägele, Rainer: Echos: Übersetzen, Lesen zwischen Texten, Engeler Verlag Basel 2002, S. 168 – 178.

Schlossmann, Beryl: Pariser Treiben. In: Übersetzen: Walter Benjamin, hg. von Christiaan L. Hart Nibbrig, Suhrkamp Verlag Frankfurt/Main 2001, S. 280 – 309.

BEI GRIN MACHT SICH IHR
WISSEN BEZAHLT

- Wir veröffentlichen Ihre Hausarbeit,
  Bachelor- und Masterarbeit

- Ihr eigenes eBook und Buch -
  weltweit in allen wichtigen Shops

- Verdienen Sie an jedem Verkauf

Jetzt bei www.GRIN.com hochladen
und kostenlos publizieren